영재교육의 실제적 전략 시리즈

series editors

Frances A. Karnes & Kristen R. Stephens

영재 학습자의 자율 연구

Independent Study for Gifted Learners

Susan K. Johnsen & Krystal Goree 지음
전미란 옮김

아카데미프레스

Independent Study for Gifted Learners

차 례

역자 서문 7

시리즈 서문 9

서론 11

연구전략에 대한 정의 15

학습 모형의 종류 17

전략 수행하기 27

자율 연구를 위한 실제 방향 45

더 읽을거리 49

참고문헌 59

찾아보기 63

저자 소개 65

역자 서문

영재교육에서 자율 연구를 빼면 흔한 말로 오아시스 없는 사막이 된다. 그만큼 자율 연구가 영재교육에서 차지하는 자리가 크다는 것은 부인할 수 없을 것이다. 미국의 교수들이 한국 학생들에게 두 번 놀란다는데, 그것은 처음에 가지고 있는 능력 때문에 한 번 놀라고 그 이후 더 이상의 진보가 없어서 한 번 더 놀란다고 한다.

학위논문을 쓸 때를 떠올리게 된다. 지도 교수님께서 연구하고 싶은 주제가 무엇이냐고 물으실 때 차라리 책을 몇 권 외워서 시험보라고 하면 좋겠다는 생각을 했었는데, 어릴 때부터 자율 연구에 익숙했던 미국 학생들은 전혀 당황하지 않고 별 것 아닌 주제도 매우 중요한 것처럼 주장하며 척척 진행해 나가는 것을 보면서 신기하게 생각했던 적이 있다.

자율 연구는 물론 모든 학생들에게 필요하지만 영재학생들에게는 더욱더 강조되고 있는 것이므로 자율 연구의 전략과 실천적 방향을 제시하고 있는 Johnsen과 Goree 교수의 본 자료는 영재교육 현장에서 교사들과 학생들이 자율 연구를 제대로 이해하게 해 줄 수 있을 것이다. 이 책을 통하여 자율 연구가 아직은 낯선 우리나라 학생들과 교사들에게 유용하게 잘 활용되기를 바란다.

본 영재교육 시리즈를 선택하고 번역을 시작하게 하신 안도희 교수님, 오랜 시간을 기다려 주시고 수고해 주신 아카데미프레스의 사장님과 편집부 여러분들께 진심으로 감사드린다.

2009년 가을

역자

시리즈 서문

『영재교육의 실제적 전략 시리즈』는 교사, 상담가, 교육행정가, 부모 그리고 그 외에 이 분야에 관심이 있는 사람들에게 영재교육 분야에서 많이 논의되는 다양한 이슈들에 대한 최신 교수 기법과 정보를 제공해 준다. 이 시리즈의 각 권은 영재교육 분야에서 권위 있는 학자들에 의해 많이 논의되는 주제를 중심으로 소개되고 있다. 대표적인 주제는 다음과 같다.

- 영재 학습자들을 가르치기 위한 속진 전략
- 교육과정 압축: 잠재성이 뛰어난 학생들을 변별하기 위한 첫걸음
- 영재 학습자들을 위한 심화 기회
- 영재 학습자들을 위한 개별 연구 활동
- 영재학생들에게 동기 부여하기
- 영재아들을 가르치기 위한 질문 전략
- 사회적 · 정서적 교수 전략
- 영재 학습자들을 위한 매체공학 사용하기

서론

앤디(Andy)는 5살밖에 되지 않은 유치원생이다. 유치원에 들어간 지 얼마 지나지 않아 그의 교사는 앤디가 글을 5학년 수준으로 유창하게 잘 읽고, 4학년 수준의 수학 개념들을 모두 이해하고 있다는 것을 알게 되었다. 교사는 또한 앤디가 우주 여행이나 천문학, 특히 블랙홀에 관한 책을 즐겨 읽는다는 사실을 발견하게 되었다. 근처에 있는 한 대학교의 물리학 교수인 그의 아버지가 앤디에게 잠자기 전에 자신의 전공 서적을 조금씩 읽어 주곤 하였다는 것이다.

> 중학교에 재직 중인 홀(Hall) 선생님은 수업 중에 '변화'라는 주제를 다루기 위해 학생들에게 부모님들이 어렸을 때부터 겪어 온 사건의 변화를 조사하도록 하였다. 그러고 나서 같은 범주에서 나중에 자녀들에게 일어날 일들을 예상해 보도록 하였다.

> 존(John)과 그의 친구들은 학교에서 멘토링 프로그램의 일환으로 천문학 동아리를 만들었다. 그들은 지역의 대학교에서 멘토

를 구하고, 성능이 좋은 망원경을 구입하기 위해 자금을 모으기도 하였으며, 동아리에 가입하기를 원하는 학생들을 위해서 매일 오후에 세미나를 열기도 하였다.

앞에서 언급한 예들은 자율 연구가 효과적으로 이루어진 상황을 잘 나타내 주고 있다. 앤디는 블랙홀에 관한 연구를 하였고, 자기가 좋아하는 주제에 대해 다른 학생들이 좀 더 배울 수 있도록 학습센터를 만들었으며, 심지어는 학교 신문에 천문학과 관련된 칼럼을 쓰기 시작하였다. 홀 선생님 학급의 모든 학생들은 자율적으로 혼자 또는 비슷한 흥미를 가진 친구들끼리 소그룹을 형성하여 변화를 주제로 한 자율 연구를 수행하였다. 약의 개발, 교육, 비행, 문학, 전쟁 등 흥미롭고 다양한 주제에 대하여 알게 된 것을 '변화에 대한 공유의 장'을 만들어 서로 나누기도 하였다. 존과 친구들은 매주 천문학 세미나를 열거나 지역 고등학교의 기준을 맞추기 위해 교사가 개발한 자율 연구 코스에서 연구를 수행하였다.

자율 연구는 영재학생들을 위한 프로그램 중에서 가장 많이 추천되는 수업전략이며 개론서에서도 차별화시키거나 개별화시키는 수업의 도구로서 꼭 등장한다(Clark, 2002; Colangelo & Davis, 2003; Davis & Rimm, 1998; Feldhusen, VanTassel-Baska, & Seeley, 1989; Gallagher & Gallagher, 1994; Parker, 1989; Swassing, 1985; Treffinger, 1986). 자율 연구는 또한 영재학생들이 좋아하는 학습방식이다(Dunn & Griggs, 1985; Renzulli, 1977a; Stewart, 1981). 평균 이상 학생들의 학습 스타일을 비교해 보면 영재학생들은 자율 연구나 탐구와 같은 독립성을 강조하는 수업전략을 좋아하는 것으로 나타난다. 하지만 영재학생들이 이런 방법을 좋아한다고 해서 그들이 언제나 자기 주도적 학습에 필수적인 재능을 가지고 있다는 것은 아니다. 결론적으로, 그들은 그런 기술과 재능을 배우는 것이 필요하다는 것을 알 수 있다. 비판적이고 자기 주도적인 자율 연구전략을 알게 되면, 영재학생들은 평생 학습자가 될 수 있을 것이며, 훌륭한 지도자가 되거나 세계를 바꾸는 데 커다란 기여를 할 수 있게 될 것이다(Betts, 1985).

연구전략에 대한 정의

Johnsen과 Johnson(1986b)은 자율 연구를 "스스로 혹은 다른 사람들과 함께 새로운 주제를 연구할 때 제공되는 일련의 과정"이라고 정의하였다(p. 1). 이러한 연구와 함께, Kitano와 Kirby(1986)는 체계적으로 계획하고 교사가 참여하기 위한 중요한 요소들을 첨가하였다—"학생들은 교사와 함께 주도면밀한 계획을 세우고 자기 주도적으로 연구과제를 수행하되, 자주 교사의 확인을 받는다."(p. 114) Betts(1985), Renzulli와 Reis(1991)는 모두 그들의 정의에서 '실생활에 대한 연구'의 중요성을 강조하고 있다. "심층 연구는 학교에서 이루어지는 활동 속에서 시 공간 제약을 벗어난 기회를 제공하는 것이며 실제 삶과도 같은 것이다."(Betts, p. 55) 타입 III의 연구과제는 "학습자들이 직접 실천적 전문가처럼 느끼고 행동하고 사고하면서 연구자로서의 역할을 수행해 보는 조사 활동이며 예술적인 생산 활동"이다(Renzulli & Reis, p. 131).

한마디로 자율 연구는 (a) 자기 주도적이고, (b) 실제 전문가가 행동하는 것과 유사하거나 도움이 될 만한 훈련이고, (c) 교사의 지도를 받으며, (d) 일반 정규학급의 수업을 떠나 실생활 문제에 초점을 맞추어 이루어지는 계획된 연구 과정이다.

학습 모형의 종류

Renzulli의 3부 심화학습 모형(1977a; Renzulli & Reis, 1997), Feldhusen과 Kolloff(1986)의 3단계 모델, Treffinger(1975, 1978, 1986)의 자기 주도적 학습 모델, Betts와 Kercher(1999)의 자율 학습자 모형과 같은 다양한 모형들은 교사에게 프로그램의 중요한 구성요소로 자율 연구를 포함시킬 것을 권장하고 있다.

Renzulli(1977a) 모형은 서로 다른 각각의 특징을 가진 3단계로 구성되어 있다—단계 I에서의 심화나 일반 탐구 활동은 학생들에게 다양한 주제와 흥미 분야를 소개하고, 단계 II에서는 창의성과 연구 기술을 향상시키는 훈련 활동이 포함되어 있으며, 단계 III에서는 학생들 스스로 개인적으로 흥미 있는 실생활 문제들을 직접 다루어 보도록 격려하고 있다(그림 1). 학생들은 스스로 흥미 있어 하는 특정한 질문이나 주제나 문제에 따라서 3단계를 이동해 가면서 활동한다. 학생들이 단계 III의 활동을 할 때, 교사는 학생들이 자율 연구를 행하는 데 필요한 방법과 세부적인 문제를 확인하도록 도와준다. 또한

[그림 1] 3부 심화학습 모형

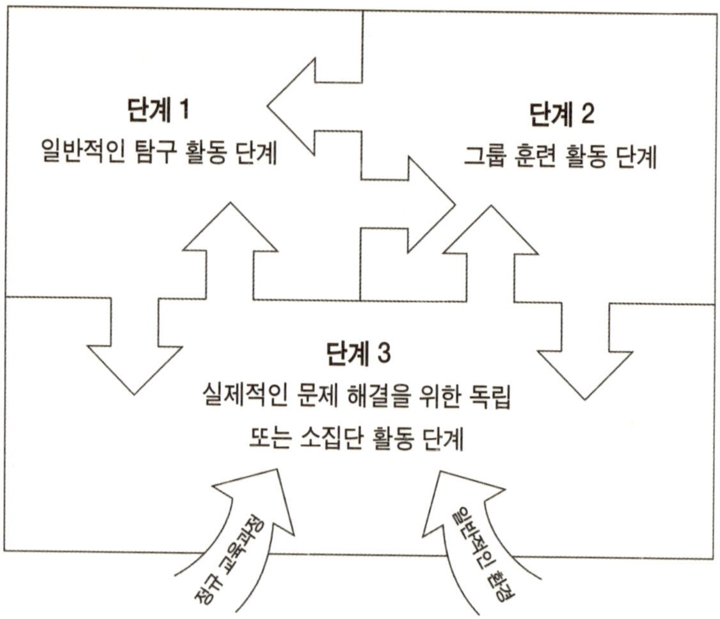

출처: *The Enrichment Triad Model: A Guide for Developing Defensible Programs for the Gifted and Talented* (p. 14), by J. S. Renzulli, 1977a. Mansfield Center, CT: Creative Learning Press. Copyright ©1977 by Creative Learning Press. Reprinted with permission.

교사는 피드백을 제공하며 학생들이 자신의 산출물에 흥미를 가질 만한 청중과 자료원을 찾도록 돕는다(Renzulli, 1979). Renzulli (1979)는 단계 III 활동을 할 때에는 '실제' 문제를 찾는 것과 '참신한' 방법을 사용하는 것이 얼마나 중요한가를 강조한다.

Feldhusen과 Kolloff(1986)의 퍼듀 3단계 심화 모델은 1단계에서는 기본적으로 발산적 사고와 수렴적 사고 능력을 발달시키는 데 초

[그림 2] 퍼듀 3단계 심화 모델

1단계

발산적 · 수렴적 사고 능력

- 교사 주도의 단기적인 활동
- 유창성, 융통성, 정교성, 독창성의 강조
- 다양한 내용 중심의 기술 적용
- 언어적 또는 비언어적 활동 간의 균형

예시가 되는 자료

- 기초가 되는 사고 기술 (Harnadek, 1976)
- 창의성의 새로운 지평 (Renzulli & Callahan, 1973)
- 퍼듀 창의적 사고력 프로그램 (Feldhusen, 1983)
- 선 플라워링(Stanish, 1977)

2단계

창의적 문제 해결 능력의 신장

- 학생이 교사보다 많이 주도
- 탐구 기술, 스캠퍼, 형태 분석, 속성 나열, 유추 등의 기술
- 창의적 문제 해결 모델의 적용

예시가 되는 자료

- 아동용 CPS (Stanish & Eberle, 1996)
- 문제! 문제! 문제! (Gourley & Micklus, 1982)
- 스스로를 디자인하라!(Hanks, Belliston, & Edwards, 1977)
- 히포그리프의 특성 (Stanish, 1981)

3단계

독립 연구 능력의 신장

- 학생 주도, 교사는 안내자
- 선택한 주제에 대한 개인 혹은 소그룹 활동
- 연구 방법의 적용
- 청중을 위한 최종 산출물의 준비(공식적인 발표)

예시가 되는 자료

- 자율 연구를 위한 커다란 책 (Kaplan, Madsen, & Gould, 1976)
- 자율 연구를 위한 참고서 (Doherty & Evans, 1980)
- 잠망경을 올려라!(Dallas Independent Schools, 1977)
- 흥미 측정 도구(Renzulli, 1977b)

출처: "The Purdue Three-Stage Enrichment Model for Gifted Education at the Elementary Level," by J. F. Feldhusen, and P. B. Kolloff, 1986. in J. S. Renzulli (Ed.), *Systems and Models for Developing Programs for the Gifted and Talented* (p. 131), Mansfield Center, CT: Creative Learning Press.

점을 두고 있다. 2단계에서는 좀 더 복잡하고 창의적인 문제 해결 활동에 초점을 두고 있으며, 3단계에서는 자율적으로 연구하는 능력에 초점을 두고 있다(그림 2). 자율적으로 연구하는 단계에서는 영재학생들이 스스로 문제를 정의하고, 자료를 수집하고, 찾아낸 것을 해석하고, 결과를 논의하는 것이 모두 포함된다. 이런 단계에서는 학생들 자신이 가지고 있는 흥미와 지식을 바탕으로 그 분야에 대한 '본질적인 흥미를 고취시키는 데 도움'이 된다(p. 131). 게다가 최근에 Feldhusen(1995)은 퍼듀 피라미드를 제안하였다(그림 3). 많은 부분이 재능을 계발시키는 학습 경험을 포함하고 있지만, 여전히 중요하게 다루고 있는 것은 '자율 연구와 독창적인 탐구'이다(p. 92).

Treffinger(1975)는 독립적이고 자기 주도적인 학습의 정도에 따라 독립성이 증가하는 순으로 4단계의 자기 주도적 학습 모델을 개발하였다(그림 4). 교사 주도 수준에서 교사는 학생 개개인에게 모든 활동을 세세하게 지시한다. 자기 주도 1단계에서는 교사가 학습 활동을 만들어 내고 학생들은 자신들이 하고 싶은 것을 선택한다. 자기 주도 2단계에서는 학생들이 학습 활동과 목표 및 평가에 대한 선택과 결정에 동참한다. 그리고 자기 주도 3단계에서는 학생들이 선택할 사항도 만들어 내고 스스로 결정하며 활동을 수행해 나간다. 학생들 또한 각자의 수행 과정을 평가한다.

더 최근에 Treffinger(2003)는 교실에서 볼 수 있는 한 가지 '스타일'로 자기 주도적 학습을 제안하였다(p. 14, 그림 5). 학생과 교사 간의 관계 유형(계약하기)과 자기 주도적 학습 스타일(탐색하기)은 교사가 독립 또는 소그룹의 조력자 역할만 하는 학생 주도의 활동들이다. 다른 스타일들은 교사(예: 과제 중심 스타일)나 그룹(예: 동료

[그림 3] 퍼듀 피라미드

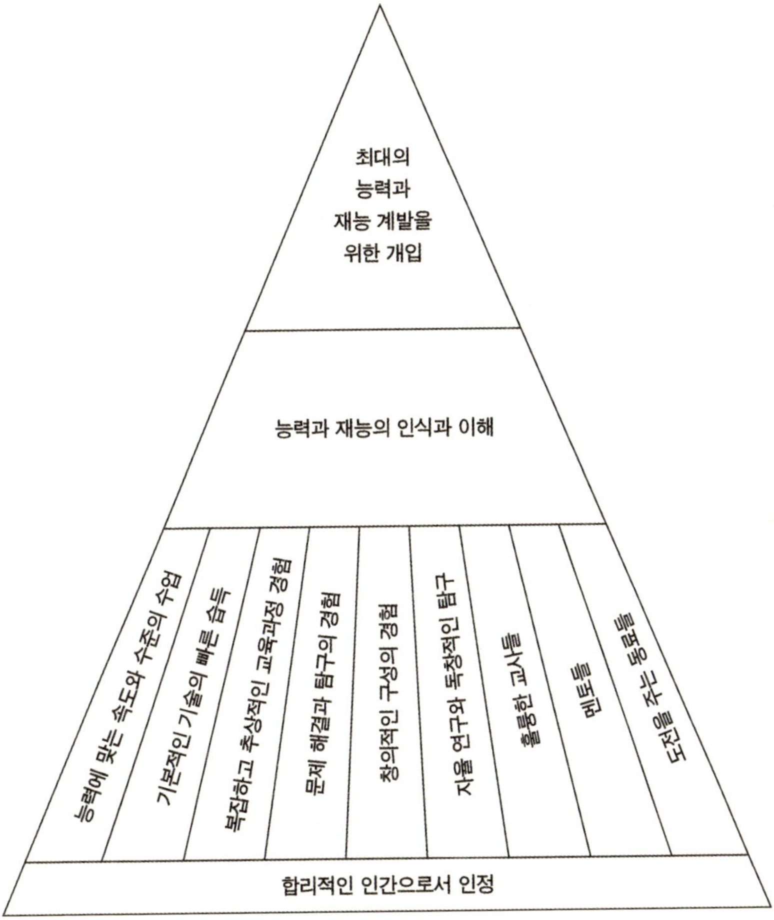

출처: "Talent Development: The New Direction in Gifted Education" by J. F. Feldhusen, 1995, *Roeper Review*, *18*, p. 92. Copyright ©1995 by *Roeper Review*, P.P. Box 329, Bloomfield Hills, MI 48303. Reprinted with permission.

[그림 4] Treffinger의 자기 주도적 학습 모형

자기 주도의 정의				
결정할 사항	교사 주도	자기 주도 1단계	자기 주도 2단계	자기 주도 3단계
목표 및 목적	교사는 학급 전체로 또는 개인적으로 지시한다.	교사는 학생들에게 선택권을 준다.	교사는 학생들이 선택할 사항을 만들도록 돕는다.	학습자가 스스로 선택한다. 교사는 자료만 제공한다.
시작 단계의 평가	교사는 테스트를 통해서 자세한 처방과 계획을 세운다.	교사가 진단하고 나서 몇 가지 선택을 제공한다.	교사와 학습자가 함께 진단하고, 필요하면 독립적으로 테스트를 실시하기도 한다.	학습자가 스스로 진단한다. 명확하지 않을 경우에만 교사에게 도움을 받는다.
수업 과정	교사는 내용을 설명하고, 활동을 제공하며, 훈련을 지도한다.	교사는 학생 개개인의 능력과 속도에 따라 독립적으로 수행할 선택을 제공한다.	교사는 자원과 선택을 제공하고, 학습자들이 자기의 범위와 속도를 결정하게 한다.	학습자들이 활동을 선택하고, 필요한 자료원을 결정하며, 자기의 범위와 속도를 결정한다.
수행의 평가	교사는 검사도구를 선택하며, 절차에 따라 평가를 실시하고 점수를 준다.	교사는 목적에 따라 평가하고 학생들에게 반응할 기회를 제공한다.	동료 파트너들이 피드백을 제공해 주고 교사와 학습자는 평가를 협의한다.	학습자가 스스로 자기 평가를 한다.

출처: "Teaching for Self-Directed Learning: A Priority for the Gifted and Talented," by D. J. Treffinger, 1975, *Gifted Child Quarterly, 19*, p. 47. Copyright ©1975 by National Association for the Gifted. Reprinted with permission.

[그림 5] 수업에서의 교수 스타일

교사 주도적 스타일	그룹 주도적 스타일	자기 주도적 스타일
명령 스타일 **강조: 지시하기** 목표와 목적, 진단, 학습 활동, 평가에 관하여 모두 교사가 결정한다. 이런 스타일은 정보를 전달하고 세밀한 기술을 전수하거나 교육과정 내에서의 개념이나 기본 지식을 가르칠 때 유용하다. 상당한 과제 지시가 필요한 '열정적인 초보자'에게 적합하다. **과제 스타일** **강조: 허락하기** 교사는 목표와 목적, 진단과 평가에 관하여 혼자 결정한다. 학생은 학습 활동에 대해 선택할 수 있다. 이런 스타일은 분야가 광범위하여 주제가 너무 다양하거나 난이도가 다양한 내용을 다룰 때 유용하다. 또한 학생들의 선택에 조언을 하면서도 상당 부분 과제를 지시한다. 이런 스타일은 행동의 자율성이나 이동성 같은 것을 가르칠 때나 어떻게 선택하는지를 가르칠 때 적합하다.	**두 가지의 동료 파트너 스타일(동료 교수와 협동)** **강조: 협동하기** 목표와 목적, 진단, 학습 활동과 평가에 관한 결정을 할 때 교사는 학생들도 결정에 참여하게 하기 때문에 상호작용이 매우 활발하다. 동료 교수나 독립 지도. 각 그룹의 구성원들은 연구하는 과제에 대한 능력이 서로 같지 않다. 그룹에서 그 과제를 가장 잘 할 수 있는 학생이 '교사 파트너' 또는 개인교수 역할을 하며, 다른 학생들은 '학습자 파트너' 역할을 한다. 학생들은 그들 스스로 과제를 하기 전에, 동료들과 함께 '교사'의 역할을 수행하고 정의를 내리기 시작한다. 협동 그룹. 집단 구성원들은 그 과제에 대하여 비교적 동질적으로 비슷하다. 집단 구성원들은 교사와 논의한 후, 계획하기, 실행하기, 학습 활동 평가하기를 함께 수행한다. 주요 목적은 자기 주도를 위한 '준비'를 하는 것이다.	**학생-교사 계약 스타일** **강조: 계약하기** 목표와 목적, 진단, 평가에 관한 결정에서 학생들이 주도하고 책임을 지게 된다. 학생들은 교수 결정에 관한 네 가지 분야를 모두 포함하여 학습 계약서 또는 학습 동의서에 대해 교사와 협상을 한다. 계약 체결안에 명확한 교육과정이나 '평가 사항'이 있다. 교사는 '최종 승인'과 평가는 남겨 두고 집단 평가와 개인 평가는 학생들이 같이 하게 한다. **자기 주도적 학습 스타일** **강조: 탐색하기** 개인이나 학생 주도의 팀은 자신들이 설계한 과제를 수행한다. 그들은 목표와 목적, 진단, 활동과 평가에 관한 모든 권한을 가진다. 과제와 결과에 대한 양과 질을 보여 주고 교육 목표와 계획에 대한 적합성과 적절성을 나타낼 책임을 진다. 그들은 외부의 자원이나 멘토를 연결시킬 수도 있다.

출처: *Independent, Self-Directed Learning: 2003* Update. (p. 14), by D. J. Treffinger, 2003, Sarasota, FL: Center for Creative Learning. Copyright ©2003 by Center for Creative Learning. Reprinted with permission.

[그림 6] 자율적 학습자 모형

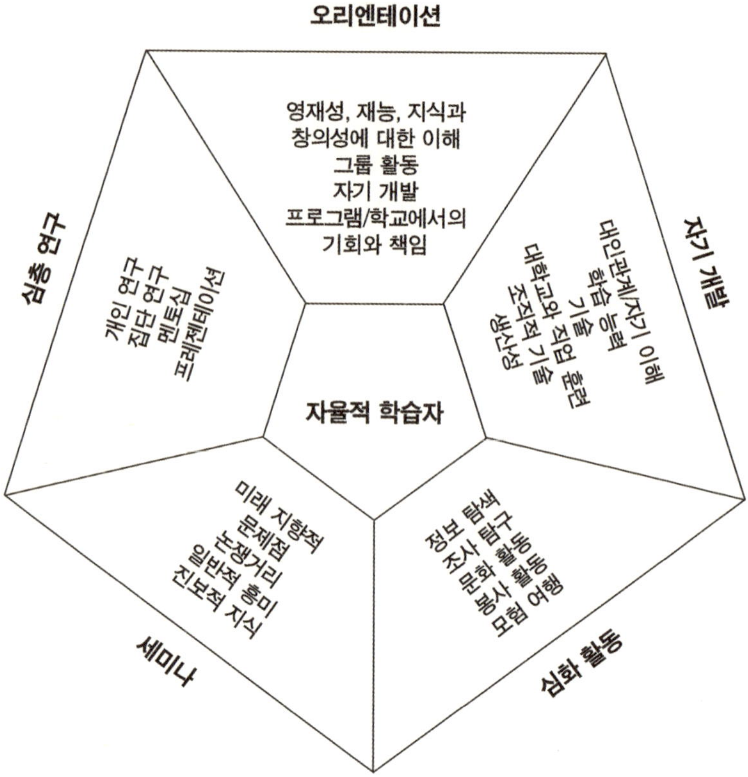

출처: *The Autonomous Learner Model: Optimizing Ability* (p. 2), by G. T. Betts and J. J. Kercher, 1999, Greeley, CO: ALPS Publications. Copyright ©1996 by ALPS Publications. Reprinted with permission.

파트너 스타일)에 의해 조종된다.

Betts와 Kercher(1999)는 자율적 학습자 모형을 오리엔테이션, 자기 개발, 심화학습 활동, 세미나, 심층 연구의 다섯 가지로 구분

하였다(그림 6). 오리엔테이션 단계에서는 학생들이 그 프로그램에서 무엇을 제공하는지와 자기 자신에 대해서 이해할 기회를 제공해준다. 자기 개발 단계에서는 독립적이고 자발적인 평생학습자로서 갖추어야 할 다양한 학습 기능이나 개념과 태도를 기르는 데에 초점을 둔다. 심화학습 활동은 독립적으로 무엇을 연구하고 싶은지를 결정하게 도와준다. 세미나는 소그룹 학생들이 나머지 다른 학생들에게 자신들이 연구한 산출물을 발표하는 형식이어서 학생들은 그 주제에 관하여 이해를 증진시킬 뿐만 아니라 토론을 이끌어가는 것을 배운다. 마지막으로 심층 연구에서는 Renzulli 모형의 타입 III와 유사하며 관심 분야에 대하여 장기적인 독립 또는 소그룹 연구를 하게 된다.

자율 연구에 대해 다양한 모델이 있지만, Renzulli 모형에 대한 연구를 제외하고는 대부분 모델에 대한 경험적 연구는 제한적이라고 할 수 있다. 예를 들면, Renzulli 모형의 타입 III를 경험했던 학생들이 자신들의 연구과제에 대하여 '목표를 충족시키기 위해 자신들의 연구를 계획하고, 시간을 효율적으로 관리하는 면에서' 훨씬 더 잘 준비했다고 보고하고 있다(Hébert, 1993, p. 27). 그들은 창의적인 산출물에 대하여 높은 자기 효능감을 가지고 있으며, 학교 밖에서의 특별활동 등에서도 좀 더 창의적이고 생산적으로 일을 수행한다고 하였다(Starko, 1988). Delcourt(1993)는 학생들이 일반학급이나 영재학급에서 주어지는 활동에 대해서는 너무 '일상적'이거나 '평범한' 것으로 창의적인 활동이 아니라고 생각하고, 자신들이 원하는 프로젝트를 통해서 내적으로 동기화된다는 것을 발견하였다. Olenchak와 Renzulli(1989)는 학교 전체 심화 모델(SEM)을 운영하는 학교의 학생들이 일반적인 창의적 산출물의 수준보다 훨씬 높은 수준의 창의적인 산출물을 낸다고 보고하였다. 이런 프로그램에 참여한 영재 학생들은 자율 연구가 그들의 동기와 진로, 연구 습관과 사고 과정, 도전정신, 자기표현의 기회 등의 측면에서 볼 때 매우 긍정적인 영향을 미친다고 하였다(Renzulli & Gable, 1976; Zimmerman & Martinez-Pons, 1990).

Kuhlthau의 정보 발견 과정 모델을 사용하여, Bishop(2000)은 자율 연구에서 가장 어려운 단계는 그 프로젝트를 탐구하고 초점을 맞추어서 연구의 틀을 짜는 것이라고 보고하였다. 이 단계는 연구가 성공적으로 이루어지는 데 결정적인 영향을 미치며, 문제의 틀을 잡고 정보를 구성하는 면에서 교사의 지도가 얼마나 중요한지를 보여 준다.

전략 수행하기

자율 연구의 전략을 사용하면서 학생이 가진 연구 경험에 따라 교사는 단계를 부분적으로 혹은 전부를 융통성 있게 가르칠 수 있을 것이다.

단계 1. 자율 연구 소개

대부분의 경우, 교사는 학생 개개인이 자기가 수행할 연구를 계획하고 있다면 자율 연구의 특성을 소개해 주고 싶어질 것이다(그림 1 참조). 이 단계에서 교사는 (a) 연구하는 동안 필요한 다양한 단계들, (b) 연구가 진행되는 동안 기억해야 할 중요한 마감 날짜들, (c) 연구 결과에 흥미를 가질 청중에 관해서 설명한다.

학생들은 주제가 자신들에게 무척 흥미롭거나 청중이 정말 알고 싶어 하는 것이라면 더더욱 자율 연구에 몰두할 것이다. 예를 들어,

2학년 영재학급 학생들에게 우리 사회의 제한된 재활용 문제를 소개하였을 때, 그들은 문제 요인으로 도보에서 수합하고 수거하는 서비스가 부족했다는 것을 즉각적으로 지적할 것이다. 그들은 교사의 도움을 받아 시의원을 연구의 청중으로 간주하였다. 시의원들은 현재 재활용 프로그램을 바꿀 수 있는 예산권을 쥐고 있는 사람들이기 때문이다. 그들의 연구는 전체적으로 볼 때 재활용에 대한 다양한 관점을 연구하는 것뿐만 아니라 시의원에게 자신들의 생각을 어떻게 잘 전달하느냐 하는 것이다. 그들의 열정과 그동안 열심히 촬영한 거의 전문적인 비디오를 통해 자신들이 원했던 변화를 가져옴으로써 학생들은 성취의 보상을 받는다. 그 지역에서는 재활용 프로그램에 대한 도보 수합 및 수거 서비스가 매우 향상될 것이다.

단계 2. 주제 정하기

이 단계에서 학생들은 연구할 주제를 선택한다. 주제는 그들이 해결하기를 원하는 문제점, 논쟁하고픈 이슈, 증명하고 싶은 의견, 방법을 배우고 싶은 어떤 것이거나 그냥 단지 좀 더 알고 싶은 분야의 내용이 될 수도 있다. 흥미로운 아이디어는 즉각 실행에 옮겨지거나 오랜 시간 동안 자료를 수집하기도 한다. 예를 들면, 학급의 의견을 표현하려고 사용하던 칠판이 나중에는 그것을 증명하거나 반증하는 목적으로 사용될 수도 있을 것이다. 신문의 주요 뉴스가 그 지역사회 참여 연구를 위한 주제가 될 수도 있을 것이다. 교실에서 나오는 새로운 질문과 생각들이 즉시 연구로 이어지거나 추후 연구의 주제로 비축될 수도 있을 것이다.

학생들이 연구를 위해 한 가지 분야를 선택하는 것이 어려울 때, 다음 질문을 고려해 보면 도움이 된다.

- 나에게 가장 흥미로운 주제는?
- 내가 가장 조금 알고 있는 주제는?
- 내가 가장 잘 알고 있는 주제는?
- 정보를 찾기가 쉬운 주제는?
- 가장 특이한 주제는?
- 나에게 가장 필요한 주제는?
- 청중에게 가장 흥미로운 주제는?

이러한 단계는 주로 그 주제에 관하여 좀 더 자료를 많이 수집하게 만든다. 학생들은 박물관, 공공기관, 대학교, 도청이나 국가 부서를 견학하면서 조사를 할 것이다. 그들은 부모님에게 편지를 보내거나, 교사 휴게실에 정보를 요구하는 칠판을 설치하거나, 그 분야의 전문가를 인터뷰하거나, 라디오와 텔레비전 방송국에 전화를 걸거나, 학교 도서관에서 자료 검색을 할 것이다. 또한 교사는 학생들과 함께 각 연구 분야의 전문가를 초대하여 토론을 하거나, 야외 학습을 데리고 가거나, 특정 주제의 개관을 제공하는 학습센터를 설립하여 학생들에게 도움을 줄 수 있을 것이다. 이러한 과정에서 학생들은 정보가 너무 전문적이거나 이해하기 어려운 것은 아닌지, 흥미롭지 않거나 더 하고 싶은 다른 주제가 있는지를 따져서 스스로 주제를 잡을 것이다. 전 과정에 걸쳐서 교사는 학생들에게 겉으로 좋게 보이는 아이디어라도 좋은 아이디어가 아닐 수 있으며, 우연하게 또는 특이

한 데에서부터 새로운 아이디어가 나타날지도 모른다는 것을 알게 한다. 이 단계는 중요하다. 학생들이 그 주제에 대해 충분한 흥미를 가지고 있거나 하고자 하는 의지가 많다면 교사는 지시자가 아니라 조력자로서의 역할을 할 수 있을 것이다.

예를 들면, 앨리스(Alice)는 4학년 심화반에 있었는데 남자 친구들만 5명 있는 그룹에서 공동 연구를 하게 되었다. 이 남학생들은 새로운 비디오 게임의 디자인하는 방법을 연구하고 싶어 했고, 앨리스는 게임에는 관심이 없고 펭귄에만 매우 관심을 가지고 있었다. 그룹 활동을 하게 하려고 했던 교사의 입장에서는 앨리스의 선택에 몇 가지 어려움이 있었으나, 결국 앨리스의 흥미도 인정해 주었다. 그 결과 '황제펭귄'을 위한 아름다운 동물원 게임을 설계하게 되었다.

단계 3. 연구 기획하기

교사는 때때로 학생들이 주제를 명확하게 찾고 탐구 질문이나 문제들을 찾을 수 있도록 처음의 기획 단계에서 도움을 줄 수 있다. 예를 들어, 교사가 학생들에게 우주 탐험에 관해 브레인스토밍을 하라고 하면 학생들은 UFO나 외계인만 떠올리는 경우가 있는데 이럴 때 매우 필요할 수 있다. 그 구조를 조직하는 요소에는 (a) 묘사, (b) 비교, (c) 원인과 결과, (d) 문제와 해결책 등이 있다. 예를 들어 우주 탐험에 대해 묘사한다면, 교사는 범주를 만들고 브레인스토밍을 시작한다. 범주로는 우주 탐험의 역할, 우주의 미래, 특징, 역사, 변천, 사람들의 신념이나 감정 또는 그것에 관한 비판 등이 포함될 것이다. 이런 넓은 범주의 각 요소들은 학생들의 생각을 형성하게 하는 틀로 작용하여 결과적으로는 연구 문제로 발전할 것이다.

우주 탐험에 관하여 묘사된 어떤 것이든 다른 주제, 모델, 이론 혹은 규칙 등과 비교될 것이다. 예를 들면, 교사는 학생들이 과학 기술과 인간의 우주 탐험, 과학이 우주 탐험에 기여한 역사와 현재의 신념, 최초의 우주선과 현재 혹은 미래의 우주선의 특징들을 비교하게 할 수 있다. 다시 말해서 연구 문제가 이러한 비교를 통해 만들어지거나 원인과 결과 혹은 문제와 해결책 같은 다른 조직적인 구조를 통해서 만들어진다.

예를 들어, 만약 어떤 사람들이 우주 탐험에 대한 자신들의 입장을 바꾸었을 경우, 학생들은 그런 태도의 변화와 같은 원인과 결과를 알아보려고 할 것이다. 우주 탐험의 재정적인 지원은 어떻게 이루어졌을까? 과학적 진보에는? 교육적인 효과는? 우주론을 하고 있는 과학자들에게는? 이런 요인들이 미래에 또 다른 문제를 낳을 것이다. 만약 우주 탐험에서 재정적인 지원이 끊기게 된다면, 태양계의 이해 및 더 넓은 지식 기반을 창조해 내는 것은 제한을 받을지 모른다. 주제에 관해서 검토하는 모든 작업은 가장 중요한 과정인 '연구 문제 만들기'로 안내할 것이다.

단계 4. 연구 문제 만들기

몇 가지 기초 조사를 하고 주제를 정하고 나면 연구 문제를 만들 준비가 된다. 좋은 질문은 질적으로 우수한 자율 연구를 하도록 해 준다. 교사들은 학생들에게 좋은 연구 문제를 선별하는 기준을 가르칠 필요가 있다.

한 가지 기준은 질문의 복잡성이다. 단순히 '예' 혹은 '아니요'로 답하거나 참고서적의 단순 사실에 의해서도 대답할 수 있는 것인가? 만약 그렇다면, 그 문제는 많은 연구를 할 수 있는 문제가 아닐 것이다. 좋은 연구 문제는 주로 가능한 다양한 대답을 요하거나 서로 다른 연구자들에 의해서 다양하게 수행될 수 있는 문제이다. 두 번째 기준은 현실성이다. 그 학생은 충분한 시간과 자료를 가지고 있는가? 연구 문제는 학생들 혹은 다른 사람들에게 유용하거나 유익한가? 이러한 기준들은 학생들이 자신의 연구 문제를 평가하는 데 도움이 된다.

학생들은 이러한 종류(누가, 무엇을, 언제, 어디서, 왜, 어떻게, 얼마만큼, 얼마나 많이, 얼마나 오랫동안, 만약 그렇다면 어떤 일이 벌어지는가?)의 조직화된 범주를 사용하여 질문을 생성하도록 해야 할 것이다. 예를 들어, 학생이 물개를 연구하고자 한다면 다음과 같은 묘사 질문을 해야 할 것이다.

- 물개는 어떻게 생겼는가?
- 물개는 어디에 사는가?
- 물개는 언제 새끼를 낳는가?

또는 다음과 같은 비교 질문을 해야 한다.

- 물개와 펭귄의 같은 점과 다른 점은?
- 물개의 서식지는 다른 동물의 서식지와 어떤 점이 같거나 다른

가?
- 사람들은 다른 동물과 비교하여 물개를 어떻게 생각하는가?

또는 다음과 같은 원인과 결과 질문을 해야 한다.

- 조약돌은 어떻게 물개를 보호하는가?
- 물개의 서식지는 과거에서 현재까지 어떻게 변화되어 왔는가?
- 미래에는 물개의 서식지가 어떻게 변하겠는가?

또는 다음과 같은 문제 질문을 해야 한다.

- 물개 포획에 관해 여러 나라들 사이에 의견이 일치하지 않는가?
- 동물의 종을 보호하는 것은 왜 중요한가?
- 동물원에서 물개에게 어떻게 이상적인 서식지를 만들어 줄 수 있는가?

'W+H' 계통의 질문(누가, 무엇을, 언제, 어디서, 왜, 어떻게, 얼마만큼, 얼마나 많이, 얼마나 오랫동안, 얼마나 멀리)으로 광범위하고 다양한 질문을 만들어 낼 수 있다. 교사는 학생들이 연구에 필요한 다양한 질문들을 선택할 수 있고 각 질문에 필요한 사고력 수준을 알게 되기를 원한다.

나중에 어떤 교사들은 학생들에게 Bloom의 분류표(Bloom, 1956)와 같은 질문하기 틀을 제시하면서 가르치기도 한다. 이러한 방법은 학생들이 질문의 복잡성 수준을 알 수 있게 해 준다. 한 가지 방법으로 학생들에게 조금 생각하는, 더 생각하는, 가장 많이 생각하는 문제들 간의 차이점을 가르치는 것이다(Johnsen & Johnson, 1986a, p. 19).

조금 생각하는(예: 지식과 이해) 질문은 학생들이 단순하게 다른 사람들이 이미 해 놓은 것을 그냥 다시 대답하는 것이다. 더 생각하는(예: 적용과 분석) 질문은 학생들이 이미 알고 있는 정보를 새로운 상황에서 사용할 수 있을 때 대답할 수 있는 것이다. 가장 생각하는 질문은 학생들이 새로운 정보를 종합하거나 평가할 수 있을 때에만 대답할 수 있는 것이다. 학생들에게 평가틀을 제공해 주는 것은 그들이 나중에 더 복잡한 질문을 만들 수 있게 해 주며, 그 다음에는 자율 연구의 전체적인 질의 향상까지도 가져오게 된다.

예를 들면, '황제펭귄' 연구에서 앨리스는 다음과 같은 조금 생각하는 문제들을 만들었다.

- 황제펭귄의 특징은 무엇인가?
- 황제펭귄은 어디에 사는가?
- 황제펭귄은 어떻게 새끼를 낳는가?
- 황제펭귄은 무엇을 먹는가?

더 생각하는 질문은,

- 우리 도시에 있는 동물원은 황제펭귄의 자연적 서식지와 어떻게 비슷한 서식지를 제공하고 있는가?

그리고 가장 생각하는 질문은,

- 황제펭귄을 위한 이상적인 동물원은 무엇인가?

단계 5. 연구 방법 선택하기

꽤나 오랫동안 학생들은 흥미로운 연구 문제를 연구하기 위해 정보를 수집하는 방법으로 도서관을 이용하는 것만 생각하였다. 요즘에 와서는 인터넷도 많이 사용하지만 말이다. 학생들은 권위 있는 백과사전을 참조하지 않고는 자신들의 연구가 완전하지 못하다고 생각할 것이다. 하지만 이러한 방법으로만 접근한다면 어떤 연구 유형의 연구 문제에는 접근하지 못할 수도 있다. 앨리스가 "우리 도시에 있는 동물원은 황제펭귄의 자연적 서식지와 어떻게 비슷한 서식지를 제공하고 있는가?"와 같은 질문을 위해 도서관에서만 정보를 수집하려 한다면 어떻게 좋은 대답을 할 수 있겠는가. 앨리스는 도시에 있는 그 동물원에 직접 방문할 필요성을 느꼈고, 조련사들과 이야기를 나누기도 하고 황제펭귄에 대해 잘 알고 있는 전문가와 인터뷰도 하였다. 앨리스와 다른 학생들의 연구에서 보면 연구 문제가 연구법을 결정하는 것을 볼 수 있다.

다양한 종류의 연구 방법이 있다. 이런 방법들 중에는 기술적, 역사적, 상관분석적, 발달적, 문화 기술적, 행동적, 실험적, 반실험적 연구가 있다(Issac & Michael, 1995). 예를 들어, 학생들이 만약 그 지역에 있는 학교들이 어떻게 이름이 붙여졌는지 알고 싶다면 역사적 연구 방법에 관심을 가져야 한다. 우선, 그들은 학교가 설립될 당시 이름이 붙여질 때 있었던 사람이나, 알고 있는 다른 학교 교장 선생님들을 일차 정보원으로 생각해야 할 것이다. 두 번째로 학교가 설립될 당시의 장소나 사람에 관한 신문기사와 같은 자료원을 찾아보아야 할 것이다. 세 번째로는 일차 정보원과 인터뷰를 하거나 이차 정보원으로부터 얻은 자료를 정리하여 기록해야 할 것이다. 네 번째로는 과장된 사실이나 편견은 지우고 사실에 초점을 맞추어 다시 보아야 할 것이다. 마지막으로, 자료를 다른 사람들과 나누기 전에 첫 번째 정보를 제공해 주었던 사람들과 재차 확인해야 할 것이다.

교사는 각 분야의 전문가들이 다른 여러 종류의 질문들을 처리하기 위해 주로 사용하는 연구 방법들을 모두 사용할 수 있기를 원할 것이다. 게다가, 학생들이 더 심도 깊게 주제를 수행하려고 할 때 전문가들이 멘토로 도와주기를 바랄 것이다. 고고학자처럼 땅을 파고 접근하는 것보다 고생물학을 연구하는 더 나은 방법은 무엇인가? 드라마 감독과 함께 연극에 대해 배우는 것은? 변호사가 하는 것처럼 해 보기 위해 법정을 방문하는 것은? 연구의 신뢰성은 과학적 방법의 사용, 다양한 교육 전문가, 학생들의 진정한 흥미, 그리고 다음에 나오는 다양한 정보 수집 방법을 사용함으로써 이루어질 수 있다.

단계 6. 정보 수집하기

연구 방법과 정보 수집은 모두 연구 문제와 깊은 관련이 있다. 만약 학생이 집에서 공부한 시간과 학교에서의 성적 간의 관계에 대한 연구를 하려고 한다면 상관 연구법을 사용해야 할 것이며, '공부 시간'과 '성적'과 관련된 정보를 수집하여야 할 것이다. 만약 정보 수집 동안 엔지니어들이 어떻게 시간을 사용하는지에 관심이 있다면 문화기술적 연구를 해야 할 것이며, 엔지니어들의 근무 시간 동안에 그들을 관찰해야 할 것이다.

정보를 수집하는 방법은 다양하다. 노트에 기록하거나 편지를 쓰거나 설문조사, 인터뷰, 관찰하기, 자료 읽기, 다른 사람들과 브레인스토밍하기, 인터넷 사용하기, 현장학습 가기, 실험실에서 실험하기 등을 포함한다. 각각의 경우, 교사는 각각의 접근법에 맞추어서 단계를 가르치고 세분화할 필요가 있다. 예를 들면, 인터뷰를 할 때 학생들은 다음과 같은 것을 알아야 하는 것이다.

- 인터뷰할 사람은 어떻게 선정하는가?
- 시작할 때 계약은 어떻게 하며, 약속은 어떻게 잡는가?
- 배경 지식과 인터뷰 질문을 어떻게 준비하는가?
- 인터뷰하는 동안에 어떻게 좋은 인상을 주는가?
- 어떻게 질문하고 대답은 어떻게 정리하는가?
- 인터뷰 노트를 어떻게 요약하는가?
- 인터뷰한 사람에게는 정보를 어떻게 제공하는가?

그래도 이메일이 있어서 학생들이 전문가를 인터뷰하기가 훨씬 용이해졌다. 웹을 사용하면서 흥미를 가진 연구자는 세계 각국의 박물관으로 가상 여행을 다닐 수도 있다. 다시 말해서, 교사는 학생들이 자료를 검색하고, 전문가와 관련된 정보를 찾고, 그 정보를 비판적으로 평가하도록 도울 수 있는 것이다.

어린 영재학생들은 종종 직접 참여하는 활동이나 인터뷰나 설문조사를 통해서 정보를 얻는다. 예를 들어, 건축에 관해서 배우고자 할 때, 아동은 다양한 재료로 다리를 직접 만들어 보고, 그 위에 장난감 자동차나 다른 어떤 물건을 올려놓아 봄으로써 얼마나 튼튼하게 만들었는지를 알아볼 수 있을 것이다. 교실을 “도시”라고 생각하고 필요한 사업을 결정할 때 학급 친구들을 대상으로 설문조사를 실시하여 '시장 분석'을 할 수 있을 것이다.

정보를 수집하고 문헌 연구를 하여 참조하는 것 등이 얼마나 어려운 일인지를 기억해야 하며 상급 학생들에게는 자율 연구를 시작하기 전에 인식시켜야 할 것이다. 이렇게 해서 주제에 대한 관심과 연구하는 속도가 종종 자료를 정리하고 중요한 정보를 모으는 일을 '고된 일'로 생각하여 자꾸만 뒤로 미루지 않을 것이다. 학생들이 이런 과제에 익숙해지면 연구가 처음에 가졌던 열정을 유지할 수 있을 정도의 속도로 진행될 것이다.

요약하자면, 수집된 정보는 연구 문제와 관련이 있어야 하고, 그 연구 분야에서는 참신하고 필요한 것이어야 하며, 명백하게 정의되고 확실하게 가르쳐져야 하고, 연구자의 연령에 맞게 적절하게 지도되어야 한다.

단계 7. 산출물 만들기

대부분의 학생들은 '자율 연구'를 '보고서'와 같다고 생각하는 경우가 많지만, 정보는 다양한 방법으로 수집되고 산출물로 만들어진다는 것을 알아야 한다. 산출물로는 책, 표, 미니 모형, 비디오, 컴퓨터 프로그램, 게임, 그래프, 포스터, 보고서, 녹음테이프, 스케줄, 논증, 각색, 신문, 시, 연설문 등을 포함한다.

산출물을 선택할 수 있다면, 학생들은 그들의 연구 문제에 따라서 한 개 혹은 그 이상을 선택해야 할 것이다. 예를 들어, 앨버트(Albert)는 '꿀벌'에 대한 주제와 관련하여 다양한 질문을 가지고 있었다. 그 질문에는 "꿀벌은 무엇의 일종인가?", "꿀벌은 어떤 다양한 종류가 있는가?", "꿀벌이 좋아하는 야생화는 무엇인가?"를 포함한다. 앨버트는 작성된 보고서 또는 파워포인트 프레젠테이션에서 이런 질문들에 대한 대답을 해야 할 것이나, 그는 부모들을 위해 오픈하우스로 전시회를 여는 것을 원했었다. 꿀벌의 종류와 분류에 관한 질문에 대답하면서 각각의 색깔, 크기, 모양을 비교 대조하여 다이어그램을 그렸다. 그는 자연 서식지의 사진을 포스터에 붙이고 각 부분에 라벨을 붙여 전시하였다. 꿀벌 간의 야생화에 대한 선호도를 조사하는 연구 문제에서, 조사했던 노트와 함께 그래프를 만들어 결과를 보여 주었다. 그리고 나서 그는 자율 연구의 열정이 드러나는 전 과정을 담은 비디오테이프를 만들었다.

정보를 수집하는 단계와 마찬가지로, 산출물도 그 연구의 분야에서 참신하고 필요한 것이어야 한다. 예를 들어, 자연과학자들은 자신들의 일을 나타내고 보여 주기 위해 어떻게 하는가? 앨버트는 비슷한 방법으로 그의 꿀벌 연구를 나타낼 수 있는가? 실제로 자연 과학자들은 과학 저널을 쓰거나 사진 또는 그림을 예로 보여 주기 위해 첨부하거나, 그래프로 결과를 요약하고, 구두 발표나 보고서 등을 작성하여 정보를 제공하는 것이다.

다시 말해서, 교사는 산출물 개발을 위한 각각의 단계를 가르쳐야 한다는 것이다. 예를 들어, 일정표를 제작할 때 학생들은 다음의 사항을 생각해야 한다.

- 몇 년도를 포함시켜야 할 것인지 결정하기

- 시간표를 수평으로 할 것인지, 수직으로 할 것인지를 결정하기
- 그림, 사진, 특별한 편지나 다른 그래픽 디자인을 사용해야 할 것인가를 결정하기
- 무엇을 얼마나 할 것인지를 결정하기
- 표를 손으로 그릴 것인지, 컴퓨터로 그릴 것인지 결정하기
- 어떤 기간을 기준으로 시간 나누기
- 일정표에 따라서 정보와 날짜를 쓰고 사진과 그림 첨부하기
- 제목 쓰기

마지막으로, 정보를 조직하는 방법은 다시 말하지만 학생들의 연령에 맞추어서 달라져야 한다. 어린 학생들에게는 무언가를 작성하는 것보다는 만져 볼 수 있고 시각적이거나 구두로 발표하는 산출물이 훨씬 쉽다. 예를 들어, 고대 문화에 관해서 자료를 수집한 것을 발표할 때, 어린 영재학생들의 수업에서는 공예품들을 전시하여 박물관을 만들고 각 전시품들을 설명해 주는 "전문가"의 비디오를 함께 보여 주는 것이다. 교사는 학생들이 정보를 조직하여 산출물로 만드는 데 도움이 되는 자료원이 많이 필요할 것이다(자료원 참조).

단계 8. 정보 공유하기

정보가 비공식적으로 공유되는 동안, 학생들은 산출물을 통해서 삶을 배울 필요가 있다. 교사는 다음과 같이 정보를 공유하는 이유를 학생들과 같이 토론할 수 있다—우리들은 서로서로 배운다, 산출물을 개선시킬 수 있다, 다른 사람들의 산출물을 평가할 수 있다, 학생

들이 그 산출물을 위해 관련된 협조를 얻을 수 있다.

청중과 함께 정보를 공유하는 데는 두 가지 주된 방법이 있다. 이는 구술 발표와 전시이다. 가장 좋은 방법은 청중에 의해 결정되는 것이다. 다시 말해서 각 단계는 가르쳐지고 강조될 필요가 있다. 예를 들어, 구술 보고서를 작성함에 있어 학생들은 다음 사항이 필요하게 될 것이다.

1. 보고서 계획하기
2. 보고서 실행하기
3. 순서대로 정보 나열하기
4. 포인트로 강조하기
5. 자기 자신을 소개하기
6. 청중을 바라보기
7. 잘 들리도록 충분히 크게 말하기
8. 잘 보이는 곳에 산출물을 배치하기
9. 중요한 특징 언급하기
10. 간략하게 말하기
11. 적절하게 질문하기
12. 청중에게 평가하게 하기
13. 청중에게 감사 전하기

구술 발표를 위해 학생들은 친구들 앞에서 미리 연습을 해야 한다. 이러한 연습 과정에서 학생들은 모두 긍정적인 면과 도움이 될 만한 내용을 두 가지 말해 주도록 한다. 이것은 학생들의 자신감을 증진시키고 실제 발표를 더 잘하게 만들어 줄 것이다.

때때로 독립 연구 과정은 산출물이 완성되면 거기서 멈추는 경우가 많다. 산출물에는 점수가 매겨지고, 집으로 가져가서 결국에는 폐기처분된다. 하지만 산출물을 유지시키기 위해서는 학생들이 자신의 생각을 공유하고 도움을 모으며, 그들의 주제와 관련된 참신한 흥미를 도입하거나 확장시키는 새로운 생각들을 개발할 필요성이 있다. 예를 들어, 꿀벌을 연구한 앨버트는 이메일로 곤충학자와 연락하기도 하였고, 지역에 있는 대학에 가서 그의 연구 결과를 토론하기도 하였다. 그는 이러한 의사소통을 통하여 기술을 증진시킬 것이며, 전문가와 함께 다음 연구 계획을 실질적으로 수행할 수도 있을 것이다.

단계 9. 연구 평가하기

자율 연구의 평가는 형성평가와 총괄평가가 있다. 형성평가에서는 학생들이 전 과정에 걸쳐서 자신들의 수행을 평가한다. 다음의 세부사항들이 기준에 포함된다.

- 나는 잘 계획된 자율 연구를 수행하였다.
- 나는 내 시간을 효율적으로 사용하였다.
- 나는 연구 문제를 적절히 기술하였다.
- 나는 다양한 자료원을 사용하였다.
- 나의 연구는 광범위하였다.
- 나는 적절한 산출물을 개발하였다.
- 나의 학급 프레젠테이션은 효과적이었다.

- 나는 자율 연구를 좋아하는 것 같다.

(Johnsen & Johnson, 1986b, p. 22)

교사나 동료들 혹은 다른 평가자들을 위해서도 비슷한 기준이 만들어져 있다. 청중도 또한 평가와 조언을 해 줌으로써 기여하게 될 것이다(그림 4 참조). 모든 평가는 수집되고 최종적으로는 교사 회의에서 재검토된다.

게다가 형성평가의 유형에 더하여, 학생과 교사는 자율 연구 산출물에 대하여 총괄평가를 사용하기도 한다. 체크리스트나 평가서의 각 항목들은 산출물에 따라 세밀한 기준으로 만들어진다. 예를 들어, 통계 그래프에 대한 평가의 특징은 다음 질문들을 포함하여야 할 것이다.

- 그림은 수집된 자료와 관련이 있는가?
- 그림은 표현하고자 하는 정보의 종류를 반영하고 있는가? 예를 들어 그래프가 돈에 관련된 것이라면, 돈의 표시($)나 동전의 그림이 사용되어야 할 것이다.
- 각각의 상징은 동일한 양을 표현하고 있는가?
- 부분을 나타내는 상징은 적절하게 잘 사용되고 있는가?
- 상징은 같은 크기인가?
- 상징은 부호 옆에 잘 표시되어 있는가?
- 그래프는 연구 문제를 표현하는 제목을 가지고 있는가?
- 통계 그래프의 각 줄에는 표시가 되어 있는가?
- 그 통계 그래프가 나타내는 양에는 중요한 포인트가 있는가?
- 전체적인 그래프는 깔끔하고 눈에 들어오는가?

자율 연구의 평가는 학생들이 무엇을 배우는가와 그 다음 연구과제에 기여할 수 있는가에 초점이 맞추어져 있다. 평가가 긍정적이면 학생들은 그들의 연구를 계속하는 데 용기를 얻을 것이며, 새로운 분야나 새로운 질문을 찾으려고 할 것이다. 목적, 문제 초점, 수준, 다양성과 자료의 적합성, 논증과 논리 전개, 연구 과정, 청중 등에 대한 평가들이 문헌에서 제공되고 있다(Renzulli & Reis, 1997).

자율 연구를 위한 실제 방향

자율 연구는 영재 교사들이 종종 사용하며, 또한 가장 많이 사용하고 있는 전략 중 하나이지만 가장 잘못 사용되고 있기도 하다. 부모는 종종 연구 기한이 봄까지인 연구과제를 9월부터 받아 들고 아이와 같이 연구 작업에 공을 들이고 있는 자신을 발견한다. 이런 경우, 교사들은 제한적인 수업과 지원으로 단지 성적 기준만을 제공한다. 효율적인 자율 연구에서는 교사들이 학생들의 흥미를 발견하고 개발시켜 줌으로써 연구의 각 단에서 활발한 조력자의 역할을 한다. 그러므로 교사들은 학생들과 함께 자율 연구를 시작하기 전에 다음의 실제적인 지침을 숙지하여야 한다.

기술과 능력을 혼동하지 않는다. 영재학생들이 높은 수준의 수행 능력과 복잡한 산출물을 만들어 내는 능력을 가지고 있다고 해서 자율 연구를 완벽하게 수행하기 위한 필요한 능력을 모두 가지고 있는 것은 아니다. 예를 들어, 그들은 좋은 연구 문제를 어떻게 발견하고, 표본을 어떻게 선택하며, 어떻게 계획적인 연구 방법을 사용하고, 다양한 출처로부터 정보를 어떻게 모으는지를 모를 수도 있다. 교사는 처음 자율 연구를 할 때 이러한 많은 기술을 가르칠 필요가 있다.

자율 연구 능력을 확인하라. 자율 연구를 하도록 돕기 위해서 교사는 일련의 과정의 각 단계에 필요한 능력을 알고 있어야만 한다. 예를 들어 학생이 역사 관련 연구를 수행하고자 한다면, 교사는 이러한 방법의 자세한 단계를 알거나 역사학자를 찾아 줄 수 있어야 한다.

학생의 변화에 잘 대응하라. 교사는 전 과정의 모든 단계를 이해할 필요가 있기는 하지만, 학생들의 흥미 자체로 연구가 안내되어야 한다. 흥미는 항상 계획에 따라 늘 따라오는 것이 아니다. 학생들이 주제에 관해서 무엇을, 언제, 어떻게, 얼마나 원하는지를 알고 원할 때마다 선택할 수 있도록 전 과정에 유연성이 있어야 한다.

연구의 다른 유형을 사용하라. "백과사전을 가까이 두어야 한다."라는 말은 금새 "인터넷을 가까이 두어야 한다."로 바뀌었다. 이런 것들이 모두 좋은 자료원이 되기는 하지만, 학생들은 인터뷰하기, 실험하기, 현장 연구하기, 관찰하기, 설문조사하기, 토론하기, 다른 사람과 함께 브레인스토밍하기와 같은 직접적인 연구전략에 관해서 배울 필요가 있다. 연구의 형태는 연구 문제, 연구 방법과 연관되며 그 학문 분야에서 필요한 것이어야 한다. 예를 들어 어떤 학생이 롤러코스터에 흥미가 있다면, 물리학자가 사용하는 방법을 사용하여 그것을 연구해야 하는 것이다.

부가적으로 하지 말고 정규 프로그램의 일부로 다루어라. 때때로 자율 연구는 학생들이 정규수업을 마친 후에 하는 것으로 하는 경우가 많다. 이렇게 하면 학생들은 흥미롭게 무언가를 수행할 시간이 충분히 없으며, 연속성을 잃거나, 더 안 좋은 것은 연구를 별도의 일로 생각하게 된다는 것이다. 교사는 자율 연구를 위한 수업 시간을 마련하기 위해 압축 교육과정을 사용할 수도 있다(Renzulli & Reis, 1997).

진행 상황과 산출물을 확인하라. 학생들이 만족하는 일정한 시간을 정하거나, 규칙적으로 만나서 자신들의 연구에 더욱 주력하게끔 다양한 단계별로 조언과 도움을 주어라. 이러한 일대일 만남은 진정한 연구 능력을 확인하고 각 학생들의 흥미를 알 수 있는 중요한 시간이 된다.

적절한 평가를 개발하여 적용하라. 평가는 전 과정 각 단계의 특징과 자율 연구에 관한 학생들의 경험에 대한 것이어야 한다. 학생이 자율 연구를 처음으로 수행하였다면, 교사는 그것도 고려하면서 평가를 하여야 한다. 평가는 학생의 연구 능력을 향상시키고, 흥미를 고취시키며, 배우는 것을 좋아하게 한다. 처음부터 평가가 너무 엄격하면 학생들은 동기를 금방 잃을 수도 있으며, 원하는 성적을 받기 위하여 무작정 교사의 규율을 따라야 한다고 생각하게 될 것이다.

학생의 능력을 믿고 모형을 제시하라. 학생들에게는 그들의 자율 연구에 관심을 가져 주는 것만큼 그들을 고취시키는 것은 없다. 교사들은 개선되거나 새로운 생각에 주목하고 그 중요성을 강조하여야 한다. 자기 스스로 연구를 수행하는 교사들은 학생들에게 모델이 되며, 학생들과 함께 마치 대학 수준에서처럼 도전이 되는 것에 대해 토론할 수도 있다.

자율 연구가 영재학생들의 필요를 충족시키는 단 한 가지 방법이라는 것을 기억하라. 가끔 자율 연구는 영재학생들을 위해 사용되는 단 한 가지 전략이기 때문에 영재교육 프로그램을 자율 연구와 동일하게 여기기도 한다. 학생들은 계속해서 많은 산출물을 원하는 연구를 반복하는 데서 금방 지루해진다. 교사들은 그들의 프로그램에 많은 다른 전략들을 포함시켜야 한다는 것을 느끼게 될 것이며 결국은 학생들의 흥미를 중심으로 자율 연구를 제안하게 될 것이다. 그러므로 학생들은 자율 연구를 그들의 열정을 충족시킬 수 있는 돌파구로 보게 될 것이다.

더 읽을거리

출판물

Betts, G. T., & Kercher, J. K. (2001). *The autonomous learner model: Optimizing ability*. Greeley, CO: ALPS.

자기 주도적 학습자 모형에 대해서 설명하고 있는 336쪽으로 구성된 책이다. 모형의 다섯 가지 항목에 대해 설명되어 있으며 필수 활동들도 포함되어 있다.

Blair, C. (2003). *Let your fingers do the searching*. Dayton, OH: Pieces of Learning.

7~12학년 학생들을 대상으로 한 이 책은 연구를 수행할 때 필요한 40개의 참고 자료를 싣고 있다. 전체 채점 시트와 과제 채점표가 포함되어 있다.

Blandford, E. (1998). *How to write the best research paper ever*. Dayton, OH: Pieces of Learning.

6~12학년을 대상으로 한 학생 워크북으로 연구 보고서를 잘 쓸 수 있는 틀을 제시한다. 주제를 선택하고, 연구에 대해 서술하고, 자료를 사용하고, 반

대 의견을 평가하고, 효과적인 결론을 내리는 것 등이 실려 있다.

Burns, D. E. (1990). *Pathways to investigative skills: Instructional lessons for guiding students from problem finding to final product*. Mansfield Center, CT: Creative Learning Press.

10개의 단원으로 구성된 이 자료집은 학생들에게 타입 III의 연구를 어떻게 시작하는지를 알려 주고 있다. 단원들은 홍미를 찾고, 문제를 발견하고, 주제를 구조화하고, 창의적인 문제 해결에 중점을 두고 있다.

Doherty, E. J. S., & Evans, L. C. (2000). *Self-starter kit for independent study*. Tucson, AZ: Zephyr Press.

이 자료집은 학생들에게 개인적 홍미를 유지하면서 자율 연구를 완성하도록 도와주는 틀을 제공한다. 구조화된 기록을 하기 위한 다양한 아이디어가 포함되어 있다.

Draze, D. (1986). *Blueprints: A guide for independent study projects*. San Luis Obispo, CA: Dandy Lion.

4~8학년 학생을 대상으로 한 이 책은 보고서 쓰기, 말하기, 모델, 논쟁, 실험, 포스터, 책, 설문조사, 시범 실험, 학습센터, 멀티미디어 연구, 문제 해결, 과학 연구, 게임, 특별한 이벤트와 전시의 방향을 제시하고 있다.

Draze, D. (1989). *Project planner: A guide for creating curriculum and independent study projects*. San Luis Obispo, CA: Dandy Lion.

48쪽으로 이루어진 이 책에는 교사들과 학생들에게 자율 연구와 과제에 대해 높은 관심의 주제, 조작적 조사 방법, 정보 처리 기술, 아이디어 생산하기를 위한 제안들이 제시되어 있다.

Heuer, J., Koprowicz, C., & Harris, R. (1980). *M.A.G.I.C.K.I.T.S.*

Mansfield Center, CT: Creative Learning Press.

이 활동서는 주제 중심 활동으로 타입 I과 타입 II의 심화 활동을 보여 주고 있다.

Johnsen, S. K., & Johnson, K. (1986). *Independent study program*. Waco, TX: Prufrock Press.

2~12학년 학생들을 위한 이 프로그램은 연구 능력을 가르치고 있으며 교사 지침서를 포함한다. 지도서와 관련되면서 학생들이 연구를 조직하는 데 필요한 워크북이 있고, 기초 연구의 모든 단계를 포함하는 재활용 자료 카드가 들어 있다.

Kaplan, S., & Cannon, M. (2001). *Curriculum starter cards: Developing differentiated lessons for gifted students*. Waco, TX: Prufrock Press.

이 책은 K-12학년의 영재학생을 위하여 교육과정의 복잡성과 깊이를 강조하는 수업 중 하나로서의 틀과 고차원적인 사고 능력, 창의적인 산출물, 자율 연구의 지침을 포함한다.

Karnes, F. A. & Stephens, K. R. (2000). *The ultimate guide for student product development and evaluation*. Waco, TX: Prufrock Press.

이 책은 교실에서 할 수 있는 창의적인 과제를 단계적으로 소개하고 있다. 기존의 교육과정에 과제를 통합시키는 것과 학생들이 스스로 과제를 만들고 계획하는 것을 돕는 방법과 쉽고 효과적인 평가 전략들이 제공되어 있다.

Kramer, S. (1987). *How to think like a scientist*. New York: Crowell.

이 책은 2~5학년의 학생들에게 질문을 제기하고, 자료를 수집하고, 가설을 설정하고, 가설을 검증하고, 결과를 작성하는 과학적 방법의 단계를 가르쳐 주고 있다.

Laase, L., & Clemmons, J. (1998). *Helping students write the best research reports ever.* New York: Scholastic.

이 책은 학생들이 의미 있는 과제를 선택하고, 자료를 찾고, 효과적으로 기록하고, 강조하고, 자료를 조직하고, 알아낸 것을 증명하는 연구 보고서를 쓰도록 돕는 소단원들로 이루어져 있다. 또한 창의적 산출물을 위한 아이디어도 포함되어 있다.

Leimbach, J. (1986). *Primarily research.* San Luis Obispo, CA: Dandy Lion.

64쪽으로 이루어진 이 책은 초등학생을 대상으로 하였으며 8단원으로 이루어져 있다. 각 단원에는 다양한 동물에 대해 설명되어 있고, 연구를 구조화하기 위한 흥미로운 사실과 활동들이 포함되어 있다.

Leimbach, J., & Riggs, P. (1992). *Primarily reference skills.* San Luis Obispo, CA: Dandy Lion.

64쪽의 이 책은 2~4학년 학생들이 도서관을 어떻게 이용하는지에 대해 배울 수 있도록 구성되어 있다. 재활용이 가능한 활동지는 책의 일부와, 알파벳 순, 사전, 백과사전 그리고 어떻게 책을 찾는지 등에 대해서 가르쳐 주고 있다.

Lester, J. D., & Lester, J. D. (1992). *The research paper handbook.* Mansfield Center, CT: Creative Learning Press.

7~12학년 학생들을 대상으로 하는 이 책은 연구 주제를 정하고 논문을 작성하는 과정을 제시해 주고 있다. 다양한 주제와 자원을 조사하는 방법뿐만 아니라 컴퓨터 자료 찾기와 데이터베이스를 활용하는 예시와 모형들이 포함되어 있다.

Meriwether, N. W. (1997). *12 easy steps to successful research papers.* Mansfield Center, CT: Creative Learning Press.

7~12학년을 대상으로 하는 이 자료집은 학생들에게 주제를 선택하고, 기록하고, 글의 윤곽을 잡고, 최종본을 준비하는 등 연구 보고서를 쓰는 일련의 과정을 제시한다.

Merritt, D. (2003). *Independent study.* Dayton, OH: Pieces of Learning.

4~12학년을 위한 이 책은 학생들에게 연구를 계획하고, 자료를 조사하고, 정보를 조직하고, 학습 경험을 평가하는 기본 틀을 제공한다. 교사들이 학생들에게 맞는 자율 연구 경험들을 구상한 틀을 사용하는 지침도 포함되어 있다.

Mueller, M. (2002). *Great research projects step by step.* Portland, ME: Walch.

7~12학년에게 추천되는 이 책은 주제 선별, 학생들이 알고자 하는 것 찾기, 필요하고 유용하나 정보 찾기와 의미 있는 연구 수행하기 등의 과정이 상세히 제시되어 있다.

Nottage, C., & Morse, V. (2000). *Independent investigation method: Teacher manual.* Mansfield Center, CT: Creative Learning Press.

K-8학년 교사를 대상으로 한 이 지침서는 두 수준의 능력별 수업 지침을 제공하고 재활용 가능한 활동지와 평가틀, 간단한 조사 연구 견본과 교사를 위한 자료를 제공한다. 별도로 판매되는 포스터 세트는 어휘력을 향상시키고 연구 과정을 강화시킨다.

Polette, N. (1984). *The research book for gifted programs, K-8.* Dayton, OH: Pieces of Learning.

176쪽의 이 책은 초등학교와 중학교 그리고 그 위의 단계까지 모든 학생들에게 적용되는 150개 이상의 과제를 제시한다. 비판적인 사고 조작이 강조된다.

Polette, N. (1991). *Research without copying for grades 3–6*. Dayton, OH: Pieces of Learning.

이 책은 다양한 방법으로 주제를 탐구하고 보고하는 기본적인 접근 방법을 제시하며 48쪽으로 구성되어 있다. 연구의 다양한 형태가 모형과 함께 상세하게 설명되어 있다.

Polette, N. (1997). *Researh reports that knock your teacher's socks off!* Dayton, OH: Pieces of Learning.

3~8학년을 대상으로 한 이 책은 학생들에게 동물, 사람, 장소, 사건에 관해 정보를 조직하는 다양한 방법들을 보여 주는 예시와 자세한 모형을 제시한다.

Polette, N. (1998). *The research project book*. Dayton, OH: Pieces of Learning.

4~9학년을 대상으로 한 이 책은 보고서를 작성하는 100가지 이상의 확산적인 방법 모형을 제시한다. 내용은 정보 분석에 맞춘 모형에 초점을 맞추고 있다.

Redman, L. T. (2002). *Choosing and charting: Helping students select, map out, and embark on independent projects*. Mansfield Center, CT: Creative Learning Press.

3~6학년을 대상으로 한 이 책은 학생들에게 과제를 정하고, 정보를 찾고, 일목요연하게 작성하고, 인터뷰를 수행하고, 적절한 산출물을 개발하고, 프레젠테이션을 통해 청중이 평가하게 하는 과정을 하나하나 단계적으로 제시하고 있다.

Renzulli, J. S., & Reis, S. M. (1997). *The schoolwide enrichment model: A how-to guide for educational excellence*. Mansfield Center, CT: Creative Learning Press.

이 자료집은 K-12학년을 대상으로 효과적인 수업 자료, 체크리스트, 차트, 분석틀, 평가틀, 조직화 계획하기, 수행하기, 유지하기, SEM와 다른 점 평가하기 등의 자료가 수록되어 있다.

Roets, L. (1994). *Student projects: Ideas and plans*. Mansfield Center, CT: Creative Learning Press.

3~12학년을 대상으로 한 250쪽이 넘는 과제와 자율 연구 아이디어들이 제시되어 있다. 학생들을 위한 특별한 연구 모형들도 포함되어 있다.

Rothlein, L., & Menbach, A. (1988). *Take ten... steps to successful research*. Mansfield Center, CT: Creative Learning Press.

5~8학년들에게 적당한 이 책은 과제를 선택하고, 적당한 자료원을 선택하고, 요점을 기록하고, 최종본을 작성하는 법을 포함하여 10가지 논리적인 단계에 대해 설명하고 있다.

Wishau, J. (1985). *Investigator*. San Luis Obispo, CA: Dandy Lion.

4~7학년들의 학생들에게 심화 연구 프로젝트를 위해 제시하는 단계적인 활동 지침이 제공되어 있다. 도서관을 활용하고, 연구 주제를 선택하고, 보고서를 작성하고, 전기문을 작성하고, 인터뷰를 수행하고, 설문조사를 하고, 발표하는 과정의 자세한 정보가 제공된다.

Woolley, S. (1992). *Writing winning reports*. San Luis Obispo, CA: Dandy Lion.

4~7학년을 대상으로 하는 이 책은 동물, 지구, 도시와 탐험가같이 자세한

주제에 관해서 보고서를 어떻게 쓰는지에 관한 지침이 제공된다. 채점 방법도 포함되어 있다.

웹 사이트

다음의 웹 사이트는 교사와 학생들에게 자율 연구 주제와 관련된 정보를 제공해 줄 것이다.

Best Environmental Resources Directions
http://www.ulb.ac.be/ceese/meta/cds.html

이 사이트는 사회의 환경이나 에너지와 관련된 주제와 출판물을 강조한다.

iLoveLanguages: Your Guide to Languages on the Web
http://www.june29.com/HLP

이 사이트는 언어와 관련된 인터넷 자료의 목록을 보여 준다. 온라인 어학 강좌, 사전 번역, 순수 문학, 번역 서비스, 소프트웨어, 언어 학교 또는 언어 정보를 찾을 수 있을 것이다.

Internet Resources for Children & Educators
http://www.monroe.lib.in.us/~lchampel/childnet.html

어린이 인터넷 컨퍼런스라는 모임의 지원을 받고 있는 이 웹 사이트를 통해서 많은 참고 자료를 쉽게 얻을 수 있다. 국회 도서관, NASA, National Science Foundation과 UC Berkeley Museum of Paleontology가 주된 사이트이며, 이 페이지는 다양한 연구 자료를 제공해 준다.

KidsOLR: Kid's Online Resources
http://www.kidsolr.com

이 페이지는 예술, 음악, 지질학, 역사, 문학작품, 수학, 과학, 건강과 같은 다양한 분야의 자료를 제공해 주는 링크를 포함하여 엄청난 양의 자료를 제공한다.

Kids Web: The Digital Library for K-12 Students
http://www.npac.syr.edu/textbook/kidsweb

이 웹 사이트에서는 K-12학년 수준의 정보를 쉽게 찾을 수 있다. 예술, 과학, 사회 연구, 다방면의 연구와 다른 디지털 도서들이 범주화되어 있다.

The Math Forum
http://forum.swarthmore.edu

이 포럼은 많은 수학 자료를 포함한다. 수, 카오스, 생명과학, 조합론, 도형, 통계 그리고 기하 등의 넓은 범위의 주제를 포함하고 있다. 링크된 다른 사이트를 통해서 수에 관해서 조사할 때, 아르키메데스의 상수, 데블린의 각, 파이, 흥미로운 수학 상수들과 많은 다양한 흥미로운 주제를 찾을 수 있다.

Martindale's The Reference Desk
http://www.martindalecenter.com

이 페이지에 링크된 수천 개의 과학 사이트로부터 위대한 과학적 발견을 찾을 수 있다. 태양계 밖의 행성들, 유전자 지도, 유전자 실험, 지구 생태계 등은 과학에서 학생들이 흥미로워하는 주제가 될 것이다.

Ivy's Search Engine Resources for Kids
http://www.ivyjoy.com/rayne/kidssearch.html

이 페이지는 10개 이상의 검색 엔진과 어린이와 청소년에게 적합한 80개 이상의 웹 사이트를 제공한다. 어린이를 위한 차별화된 검색, 웹 지침서, 검색 엔진에 따라 연구 자료가 등록되어 있다.

History/Social Studies for K-12 Teachers
http://home.comcast.net/~dboals1/boals.html

이 사이트의 주된 목적은 교사들이 자료를 찾고 사용하는 것을 돕고, 교수-학습 도구로서 인터넷을 사용할 것을 권장한다. 고고학, 유전학, 인류학, 경제, 역사, 정치, 연구, 비판적인 사고와 그 이상의 광범위한 주제를 포함하고 있다.

ThinkQuest
http://www.thinkquest.org/programs.html
이 페이지는 학생들과 교육자들이 웹을 기반으로 학습 자료와 연구를 공유함으로써 협동학습 기회를 제공한다.

WWW Virtual Library: Museums Around the World
http://www.comlab.ox.ac.uk/archive/other/museums/world.html
이 사이트는 온라인 박물관과 그와 관련된 자료에 대하여 종합적인 특징을 제공한다. 박물관은 국가 보조도 받지만 전시를 함으로써 운영된다. 또한 상위 57개의 박물관 웹 사이트의 목록이 USA 링크에 올라와 있다.

Yahoo!
http://www.yahoo.com
이 페이지를 통해서 다양한 주제를 찾거나, 정보를 찾기 위해 제시된 자료를 사용할 수 있다. 예술과 인류, 사업과 경제, 컴퓨터와 인터넷, 교육, 환경, 정부, 건강, 대중 매체, 오락과 운동, 교양, 종교, 과학, 사회과학 그리고 문화에 관련된 자료가 링크되어 있다.

Yahooligans!
http://www.yahooligans.com
특별히 초등학생들을 위해 고안된 검색 엔진이다. 사이트에는 세계, 예술과 게임, 컴퓨터와 게임, 학교종, 과학과 본성, 운동과 오락이 포함되어 있다.

참고문헌

Betts, G. T. (1985). *The autonomous learner model for gifted and talented.* Greeley, CO: ALPS.

Betts, G. T., & Kercher, J. K. (1999). *The autonomous learner model: Optimizing ability.* Greeley, CO: ALPS.

Bishop, K. (2000). The research processes of gifted students: A case study. *Gifted Child Quarterly, 44*, 54-64.

Bloom, B. S. (Ed.). (1956). *Taxonomy of education objectives: The classification of educational goals. Handbook I: Cognitive domain.* New York: Longmans Green.

Clark, B. (2002). *Growing up gifted: Developing the potential of children at home and at school* (6th ed.). Upper Saddle River, NJ: Prentice Hall.

Colangelo, N., & Davis, G. A. (Eds.)(2003). *Handbook of gifted education* (3rd ed.). Needham Heights, MA: Allyn and Bacon.

Dallas Independent School District. (1977). *Up periscope! Research activities for the academically talented student.* Dallas, TX: Author.

Davis, G. A., & Rimm, S. B. (1998). *Education of the gifted and talented* (4th ed.). Needham Heights, MA: Allyn and Bacon.

Delcourt, M. A. B. (1993). Creative productivity among secondary school students: Combining energy, interest, and imagination. *Gifted Child Quarterly, 37*, 23-31.

Doherty, E. J., & Evans, L. C. (1980). *Self-starter kit for independent study.*

Austin, TX: Special Education Associates.

Dunn, R., & Griggs, S. (1985). Teaching and counseling gifted students with their learning style preferences: Two case studies. *G/C/T, 14*, 40-43.

Feldhusen, J. F. (1995). Talent development: The new direction in gifted education. *Roeper Review, 18*, 92.

Feldhusen, J. F., & Kolloff, P. B. (1986). The Purdue three-stage enrichment model for gifted education at the elementary level. In J. S. Renzulli (Ed.), *Systems and models for developing programs for the gifted and talented* (pp. 126-152). Mansfield Center, CT: Creative Learning Press.

Feldhusen, J. F., VanTassel-Baska, J., & Seeley, K. R. (1989). Excellence in education of the gifted. Denver: Love.

Gallagher, J. J., & Gallagher, S. A. (1994). *Teaching the gifted child* (4th ed.). Boston: Allyn and Bacon.

Gourley, T. J., & Micklus, C. S. (1982). *Problems! Problems! Problems!* Glassboro, NJ: Creative Competitions.

Harnadek, A. (1976). Basic thinking skills: Critical thinking. Pacific Grove, GA: Midwest.

Hébert, T. P. (1993). Reflections at graduation: The long-term impact of elementary school experiences in creative productivity. *Roeper Review, 16*, 22-28.

Issac, S., & Michael, W. (1995). *Handbook in research and evaluation: A collection of principles, methods, and strategies useful in the planning, design, and evaluation of studies in education and the behavioral sciences* (3rd ed.). San Diego, CA: Edits.

Johnsen, S. K., & Johnson, K. (1986a). *Independent study program.* Waco, TX: Prufrock Press.

Johnsen, S. K., & Johnson, K. (1986b). *Independent study program student booklet.* Waco, TX: Prufrock Press.

Kaplan, S., Madsen, S., & Gould, B. (1976). *The big book of independent study.* Santa Monica, CA: Goodyear.

Kitano, M., & Kirby, D. F. (1986). *Gifted education: A comprehensive view.* Boston: Little, Brown.

Olenchak, F. R., & Renzulli, J. S. (1989). The effectiveness of the schoolwide enrichment model on selected aspects of elementary school change. *Gifted Child Quarterly, 33*, 36–46.

Parker, J. P. (1989). *Instructional strategies for teaching the gifted.* Boston: Allyn and Bacon.

Renzulli, J. S. (1977a). *The enrichment triad model: A guide for developing defensible programs for the gifted and talented.* Mansfield Center, CT: Creative Learning Press.

Renzulli, J. S. (1977b). *The Interest-a-lyzer.* Mansfield Center, CT: Creative Learning Press.

Renzulli, J. S. (1979). The enrichment triad model: A guide for developing defensible programs for the gifted and talented. In J. C. Gowan, J. Khatena, & E. P. Torrance (Eds.), *Educating the ablest: A book of readings on the education of gifted children* (2nd ed., pp. 11–127). Itasca, IL: Peacock.

Renzulli, J. S., & Callahan, C. (1973). *New directions in creativity: Mark 3.* Mansfield Center, CT: Creative Learning Press.

Renzulli, J. S., & Gable, R. K. (1976). A factorial study of the attitudes of gifted students toward independent study. *Gifted Child Quarterly, 20*, 91–99.

Renzulli, J. S., & Reis, S. M. (1991). The schoolwide enrichment model: A comprehensive plan for the development of creative productivity. In N. Colangelo & G. A. Davis (Eds.), *Handbook of gifted education* (pp. 111–141). Needham Heights, MA: Allyn and Bacon.

Renzulli, J. S., & Reis, S. M. (1997). *The schoolwide enrichment model: A how-to guide for educational excellence* (2nd ed.). Mansfield Center, CT: Creative Learning Press.

Stanish, B. (1977). *Sunflowering.* Carthage, IL: Good Apple.

Stanish, B. (1981). *Hippogriff feathers.* Carthage, IL: Good Apple.

Stanish, B., & Eberle, B. (1996). *CPS for kids.* Waco, TX: Prufrock Press.

Starko, A. J. (1988). Effects of the revolving door identification model on creative productivity and self-efficacy. *Gifted Child Quarterly, 32*, 291–297.

Stewart, E. D. (1981). Learning styles among gifted/talented students: Instructional techniques preferences. *Exceptional Children, 48*, 134–138.

Swassing, R. H. (1985). *Teaching gifted children and adolescents.* Columbus,

OH: Merrill.

Treffinger, D. (1975). Teaching for self-directed learning: A priority for the gifted and talented. *Gifted Child Quarterly*, *19*, 46-49.

Treffinger, D. (1978). Guidelines for encouraging independence and self-direction among gifted students. *Journal of Creative Behavior*, *12*(1), 14-20.

Treffinger, D. (1986). Fostering effective, independent learning through individualized programming. In J. S. Renzulli (Ed.), *Systems and models for developing programs for the gifted and talented* (pp. 429-460). Mansfield Center, CT: Creative Learning Press.

Treffinger, D. (2003). *Independent, self-directed learning: 2003 update.* Sarasota, FL: Center for Creative Learning.

Zimmerman, B. J., & Martinez-Pons, M. (1990). Student differences in self-regulated learning: Relating grade, sex, and giftedness to self-efficacy and strategy use. *Journal of Educational Psychology*, *82*, 51-59.

찾아보기

〈ㄱ〉

계약하기 … 23

교사 주도 수준 … 20

기술적 연구 … 35

〈ㅁ〉

멘토링 프로그램 … 11

문제 질문 … 33

문화 기술적 연구 … 35

〈ㅂ〉

반실험적 연구 … 35

발달적 연구 … 35

발산적 사고 … 18

브레인스토밍 … 30, 37

비교 질문 … 32

〈ㅅ〉

산출물 … 38

상관분석적 연구 … 35

수렴적 사고 … 18

실험실 … 37

실험적 연구 … 35

심층 연구 … 15, 24

〈ㅇ〉

역사적 연구 … 35

연구 능력 … 46

연구 문제 … 31

연구전략 … 46

원인과 결과 질문 … 33

인터뷰 … 37

〈ㅈ〉

자기 주도적 … 13

자율 연구 … 12
자율적 학습자 … 24
자율적 학습자 모형 … 24
재능 계발 … 21
정규학급 … 16
조력자 역할 … 20
질문의 복잡성 … 32

〈ㅊ〉
총괄평가 … 42

〈ㅍ〉
퍼듀 3단계 심화 모델 … 18
평가틀 … 44
프레젠테이션 … 42

〈ㅎ〉
학습센터 … 12
학습 스타일 … 20
행동적 연구 … 35
현장학습 … 37
형성평가 … 42

〈기타〉
3부 심화학습 모형 … 17
Bloom의 분류표 … 33
'W+H' 계통의 질문 … 33

저자 소개

Susan K. Johnsen은 Baylor 대학의 교육심리학 교수로서 학부 과정과 대학원 과정에서 영재교육 분야를 가르친다. 그녀는 *Gifted Child Today* 의 편집장이며, *Gifted Child Quarterly* 와 *The Journal for Secondary Gifted Education* 의 편집위원이다. 또한 영재학생들을 판별하는 데 사용되는 세 가지 시험과 자율 연구 프로그램의 공동 저자이다—Test of Mathematical Abilities for Gifted Students(TOMAGS), Test of Nonverbal Intelligence(TONI-3), Screening Assessment for Gifted Students(SAGES-2). 그녀는 많은 논문을 썼으며, 국내·국제 학회에서 발표도 많이 하였다. 텍사스 영재학회의 협회장을 역임하였으며, 현재 특수아동협회에 속해 있는 영재협회의 이사이다.

Krystal K. Goree는 Baylor 대학에서 영재교육원을 맡고 있으며 영재교육 과정을 가르치고 있다. 그녀는 15년 동안 영재교육 분야에서 부모로서, 교사로서, 상담자로서, 발표자로서, 프로그램 관리자로서 일하고 있다. 현재 여러 주 위원회를 맡고 있으며 학교 자치 프로그램 평가와 자문을 맡고 있다. 그리고 국제 · 국내 학회에서 수많은 논문을 발표하고 많은 논문과 책을 썼다. 그녀는 텍사스 영재학회의 전 협회장이며 *Gifted Child Today* 의 편집장이다.

역자 소개

전미란

- 미국 조지워싱턴대학교 심리학과 학사
- 미국 미시간주립대학교 유아교육학전공 석사
- 미국 컬럼비아대학교 영재교육학전공 박사
- 서울대학교 과학영재교육센터·한국교육개발원 영재교육센터·서울대 BK21과학교육연구사업단 연구원, 경원대학교 겸임교수 역임

현) 서울대학교 자유전공학부 연구교수

■ **역서**

- 중요한 것은 창의성이다
- 역시 창의성이다: 좌뇌와 우뇌의 균형을 위하여
- 문화적으로 다양하고 소외된 영재학생

■ **공동 연구 논문**

- 영재의 리더십 육성을 위한 기초연구 및 프로그램 개발(2005)
- 유아영재 판별도구의 타당도 탐색(2006)
- 영재의 리더십 구성요인에 대한 사회적 인식(2006)
- 중학교 과학영재학생들의 학습전략에 관한 조사 연구(2006)
- 영재교육기관 컨설팅을 위한 기관 맞춤형 평가(2006)
- 리더십 검사도구의 타당성 및 신뢰성 분석(2006)
- 영재리더십 프로그램 개발(2007)
- Development and Implementation of 'Inventories of Evaluating Science Gifted Education Programs'—Centering Around SNU Science-gifted Education Center(2005)
- Perception of the scientifically gifted and long-term effects of science gifted education program—from the students' perspectives (2008) 외 다수

영재 학습자의 자율 연구

Independent Study for Gifted Learners

발 행 일 | 2010년 1월 5일 1쇄 발행
저 자 | Susan K. Johnsen & Krystal Goree
역 자 | 전미란
발 행 인 | 홍진기
발 행 처 | 아카데미프레스

주 소 | 122-900 서울시 은평구 역촌동 58-9
부호아파트 102동 상가3호
전 화 | (02)2694-2563
팩 스 | (02)2694-2564
웹 사 이 트 | www.academypress.co.kr

등 록 일 | 2003. 6. 18, 제313-2003-220호
I S B N | 978-89-91517-70-7

가격 6,000원